Heidi Fruhstorfer

Rama dama!

München nach 1945

Wartberg Verlag

Bildnachweis

Bayerische Staatsbibliothek/Georg Fruhstorfer mit Ausnahme

der Seiten 25, 27 li., 33, 81 li., 86, 87, 93 Bayerische Staatsbibliothek/

Porträt- und Ansichtensammlung

Quellennachweis

Irmtraud Permooser, Der Luftkrieg über München 1942–1945, München 1993

3. Auflage 2020

Layout und Satz: Christiane Zay, Potsdam

Druck: Print Media Group, Hamm

Buchbinderische Verarbeitung: Büge, Celle

© Wartberg-Verlag GmbH

34281 Gudensberg-Gleichen, Im Wiesental 1

Telefon: (0 56 03) 930 50

www.wartberg-verlag.de

ISBN 978-3-8313-2263-3

Inhalt

Die Autoren

Georg Fruhstorfer,
1959

Georg Fruhstorfer (1915–2003)

Durch Trümmerwüsten und auf Trampelpfaden war der Fotograf Georg Fruhstorfer mit seiner Leica unterwegs, um nach Kriegsende das Alltagsleben der leidenden, doch überlebenden Bevölkerung und die Zerstörung der geschundenen Stadt München zu dokumentieren.

Der 1915 in Winzer bei Deggendorf geborene Niederbayer hatte nach Abitur und Studium einige Jahre als Berufsschullehrer in Straubing und Redakteur beim „Straubinger Tagblatt" gearbeitet. Seinem Jahrgang blieb im Dritten Reich nichts erspart – Arbeits- und Militärdienst, Fronteinsatz und Kriegsgefangenschaft.

Nach Kriegsende hatte es den leidenschaftlichen Fotografen nach Erding bei München verschlagen. Dort konnte er mithilfe eines freundlichen Zeitgenossen Filme und Fotopapier ertauschen und sich ein kleines Fotolabor einrichten. Schon als Soldat hatte er sich fotografisch ausbilden können und legte im Oktober 1948 – der guten Ordnung halber – noch die Gesellenprüfung für das Fotografenhandwerk ab. Und er hatte zu diesem Zeitpunkt bereits eine Anstellung, nämlich bei der im November 1946 gegründeten Tageszeitung „Münchner Merkur". „Dass er als Bild- und Wortberichterstatter für die Erdinger Ausgabe tätig war und seine gelieferten Bilder in ihrer Qualität voll den kritischsten Maßstäben, wie sie von einer führenden Zeitung nur angelegt werden können, entsprochen haben", schrieb der Chefredakteur des „Münchner Merkur" dem jungen Reporter ins Zeugnis, als Georg Fruhstorfer die kleine Stadt verließ, um in der „Ruinenstadt" Fuß zu fassen. Endlich hatte er in seiner Wahlheimat eine Wohnung gefunden. Und das grenzte in jenen Trümmerjahren fast schon an ein Wunder. Leichter war es für ihn gewesen die Fotomotive zu finden, die die Zerstörungen der Stadt und die Szenen des Wandels und der Erschütterung zeigten.

Georg Fruhstorfer war fast noch ein Gründungsmitglied des Bayerischen Journalistenverbandes, denn schon Anfang 1948 beantragte er die Aufnahme als freier Bildreporter. Über Jahrzehnte verfasste er illustrierte Reportagen über das gesellschaftliche, kulturelle und wirtschaftliche Leben in Bayern, sowie Künstlerportraits und Homestories über Prominente. Nicht nur von der deutschen Presse, sondern auch von großen ausländischen Illustrierten wurden seine Bild- und Textreportagen veröffentlicht. Nicht zu kurz kamen dabei seine regelmäßigen Fotoreportagen über sein geliebtes München.

Nach seinem Tod konnte das Bildarchiv der Bayerischen Staatsbibliothek den gesamten Schwarzweißbestand und das umfangreiche Farbarchiv des Bildjournalisten übernehmen.

Heidi Fruhstorfer

Heidi Fruhstorfer (Jg. 1942)

„Rama dama" – „Aufräumen tun wir"! Dieser Appell aus meinen Kindertagen ist mir heute noch allgegenwärtig. Noch war ich nicht der bayerischen Mundart mächtig, als ich 1947 als fünfjähriges Flüchtlingskind in die Ruinenstadt München kam. Ich erfuhr jedoch sehr schnell, was es mit dieser Parole auf sich hatte. Die Stadt musste vom Schutt befreit werden, um überhaupt einen Anfang für den Wiederaufbau zu schaffen. Und diese Schutträumaktion und den Wiederaufbau erlebte ich hautnah. Aus Trümmern und Ruinen wuchs eine neue, schöne Stadt. Schon dreizehn Jahre nach dem Krieg, zur Achthundertjahrfeier im Jahre 1958, war München größtenteils wieder aufgebaut und ein pulsierendes Leben durchzog die Stadt an der Isar. Kaum noch etwas erinnerte an die grauenhaften Ruinen in der Altstadt, die zerbombten Kirchen und vor allem an das Entsetzen unmittelbar nach der Verwüstung.

1962 lernte ich meinen späteren Mann, den Bildjournalisten Georg Fruhstorfer kennen. Ich arbeitete damals in der Presseabteilung einer Münchner Filmproduktionsfirma, Georg hatte sich als Fotograf und Reporter einen guten Namen gemacht. Von da ab waren wir beide, bis zu seinem Tod im Jahre 2003, ein unzertrennliches Reporterteam und hatten viel Freude an unserer Arbeit. Und dies besonders in jenen Jahren, als wir im Fotolabor ein jedes Mal voller Spannung die Entwicklung der Filme und die Vergrößerungen der Fotos vornahmen. So entstand im Laufe von 40 Jahren ein umfangreiches Bildarchiv.

Die bereits von mir im Wartberg Verlag veröffentlichten Bände konnte ich mit Aufnahmen aus dieser Sammlung bebildern. Für „Rama dama – München nach 1945" entdeckte ich größtenteils unveröffentlichtes Fotomaterial, das über die Jahre hinweg als Kostbarkeit gehütet wurde. Aus diesem Schatz habe ich für den Bildband über hundert Bilder ausgesucht. Die faszinierenden Fotografien meines Mannes (darunter sieben von Reporterkollegen) geben Einblicke in die Zerstörung der Stadt und in das Alltagsleben unserer Mütter, unserer Väter und unserer Großeltern, die nach Krieg und Untergang nicht aufgaben und den Neubeginn und den Wiederaufbau ihrer Stadt bezwangen.

Einleitung

München im Jahre 1945

1945 – es ist das letzte Jahr der Hitler-Herrschaft. Sechs Jahre dauerte der Zweite Weltkrieg. Er endete am 8. Mai mit der totalen Niederlage Deutschlands und dem Untergang des „Tausendjährigen Reiches". Viele Städte lagen in Trümmern, die Wirtschaft war zerstört, das kulturelle Leben ausgelöscht. Hunger, Armut und Not zeichneten die Menschen, die noch einmal mit dem Leben davongekommen waren. Der Flüchtlingsstrom rollte über die Grenzen, Hunderttausende von Kriegsgefangenen warteten auf ihre Heimkehr.

Der Luftkrieg über München

Der Luftkrieg über Deutschland war das Echo des deutschen Angriffs auf die Welt. Er kam aus den Gefilden des Himmels und brachte die Hölle zur Erde. Die ersten Bomben auf München fielen in der Nacht vom 3./4. Juni 1940. Tags darauf wurden 13 Spreng- und 20 Brandbomben über dem Stadtteil Schwabing abgeworfen. Im Herbst 1940 griff die britische Royal Air Force die Stadt dreimal aus der Luft an. Dann war der Spuk vorbei! Doch die Ruhe war trügerisch. Es war die Ruhe vor dem Sturm. Die ersten englischen Großangriffe erlebte München im September 1942. Beim dritten Großangriff wurden Teile des BMW Flugmotorenwerkes zerstört. In der Nacht vom 9./10. März 1943 brannte die Staatsbibliothek aus. Eine halbe Million wertvoller Bücher gingen in Flammen auf. In dieser Nacht machten sich tapfere Menschen daran, aus dem brennenden Bau tausende

Bücher zu retten und in der benachbarten Ludwigskirche zu deponieren. Dann, im Oktober 1943, wurde die Oper getroffen. Die Ludwigstraße, die Prachtstraße des Isar-Athens, wurde heimgesucht, keines ihrer klassizistischen Gebäude blieb unbeschädigt.

In diesen gewaltigen Bombennächten plagten Adalbert Mayer schwere Sorgen um die alten gotischen Glasmalereifenster in der Frauenkirche. In dritter Generation leitete er nun sein Unternehmen, die Mayer'sche Hofkunstanstalt, die seit 1847 Glasmalereien und Mosaike anfertigt und restauriert, auch die für den Münchner Dom. In einem erbitterten Wortgefecht mit dem Dompfarrer hatte Adalbert Mayer sich dafür eingesetzt, diese wertvollen alten Fenster aus dem 15. Jahrhundert unbedingt auszubauen und an sicherem Ort zu lagern. Der Dompfarrer, nahezu naiv in seinem unerschütterlichen Glauben vertrat die Ansicht, dass gerade der Liebfrauendom nicht Opfer von Brand und Bomben werden könne, stehe er doch seit fast fünf Jahrhunderten unter Gottes Obhut. Letztendlich überzeugte Adalbert Mayer die Kirchenmänner, veranlasste den Ausbau der mittelalterlichen Glasmalereifenster auf eigene Kosten und lagerte sie ein. So konnte es ihm gelingen, zwei Drittel der antiken Glasfenster des Münchner Wahrzeichens vor dem Inferno des Bombenkrieges zu retten und für die Nachwelt zu erhalten.

Im April 1944 durchlebte München, die „Hauptstadt der Bewegung", seinen härtesten Nachtangriff. 260 Flugzeuge warfen ihre tödliche Bombenlast auf die Stadt. Nur eine Stunde lang dauerte die Offensive mit entsetzlicher Wirkung. 11 000 Wohnungen und 2000 Gewerbebetriebe wurden zerstört, zehn Kirchen und drei Krankenhäuser schwer beschädigt. Der Hauptbahnhof stand nur noch als Ruine, die Residenz und das Alte Rathaus brannten aus. Bei diesem Luftangriff wurden 70 000 Münchner obdachlos. Das Gesicht der Stadt hat sich dramatisch verändert.

Marianne Mayer, Adalberts Frau, führte Tagebuch und notierte im Kriegssommer 1944: „Vom Dach des Hauses beobachteten wir wie so oft mit Grauen Feuer- und Rauchschwaden über der gequälten Stadt. Besonders schmerzlich berührte uns der Anblick der brennenden Basilika St. Bonifaz. Mit Bangen erwarteten wir ein ähnliches Schicksal. Dieses erreichte uns am letzten Tag des Großangriffes auf München. Am 11. Juli kamen die schweren Bombentreffer über unser Haus. Es wird das Vordergebäude getroffen, fünf Stockwerke brennen total aus. Am 13. Juli entluden sich unzählige Brand- und Sprengbomben über unseren Stadtteil. Es war die Hölle. Erfüllt von Detonationen, flammenerstickendem Rauch und Dunkelheit auch am Tag, wird der Werkstättenbau, das Dach und die oberen zwei Stockwerke von Sprengbomben zerstört. Niemand kommt zu Schaden, die Familie überlebt - auch das Ende des Krieges."

Noch lange Jahre danach durchlitten viele Münchner in ihren Alpträumen die schwersten Angriffe vom Juli 1944. In den Tagen und Nächten des 11., 12., 13. und 16. des Sommermonats warfen Geschwader von Flugzeugen tausende von Bomben ab, die sich wie ein Teppich über der Stadt ausbreiteten.

Der zehnjährige Willi Lanzenberger verbrachte diese Wochen in einem Landheim bei Bad Aibling. Wie die meisten Kinder, so war auch er evakuiert worden. Sein Vater war an der Front, die Mutter arbeitete in der Rüstungsindustrie. Er erfuhr von den schweren Bombenangriffen, saß nachts mit anderen Kindern im Freien und beobachtete den roten Brandhimmel über München. Würde seine Mutter überleben?

Die alliierten Luftangriffe setzten sich bis zum April 1945 fort. Der „totale Krieg" schlug total zurück. 71-Mal wurde die Stadt aus der Luft angegriffen. 6600 Zivilpersonen und 20 972 Wehrmachtsangehörige verloren ihr Leben, 16 000 Menschen wurden verletzt, 11 000 vermisst, 264 000 Münchner wurden obdachlos. Man zählte 16 000 Großbrände, 12 500 total zerstörte und 10 000 schwer beschädigte Gebäude. Vernichtet wurden Wohnbauten, Industrie- und Gewerbeanlagen und Kulturbauten. 90 % der Altstadt und 50 % Münchens waren zerstört. Die Bevölkerung war zermürbt. München - das war einmal!

Der Krieg ist aus – Die Stunde Null

Am 26. April 1945 gab es wieder Fliegeralarm. Noch ahnte niemand, dass es der letzte sein würde. Dann gespenstische Ruhe. Am 29. April verbreitete sich die Neuigkeit: „Die Amerikaner kommen!" Am Montag, dem 30. April 1945, rückten die Sieger und Befreier von allen Seiten in die zerstörte Stadt ein, und in München endeten der Zweite Weltkrieg und die nationalsozialistische Diktatur. Am Sonntag, dem 29. April, ist auch für die Gefangenen des Konzentrationslagers Dachau die lange, schreckliche Leidenszeit vorbei. Seit der „Inbetriebnahme" des KZ Dachau im März 1933, waren bis 1945 mehr als 206 000 Verhaftete aus 34 Nationen in das Schreckenslager deportiert worden, 31 951 Menschen starben.

Anfang Mai hatte es noch geschneit, eisiger Nordwestwind fegte durch die Stadt. Sofort verhängten die Amerikaner eine Ausgangssperre: „Curfew" - das heißt, dass niemand zwischen 18 Uhr und 6 Uhr auf Straßen, Plätzen oder in Vorgärten der Häuser sein durfte. Die amerikanische Militärregierung war gut vorbereitet. Sie hatte Listen – weiße und schwarze – in denen Namen von Anhängern und Gegnern der Nazidiktatur verzeichnet waren. Längst schon hatte sich der Oberbürgermeister aus dem Staub gemacht. Karl Fiehler, Nazi und „Alter Kämpfer", der mit Hitler schon vor der Feldherrnhalle putschte, hatte unter der Willkürherrschaft eine steile Karriere hingelegt. Nun war er untergetaucht. Die Besatzer bestimmten einen neuen Bürgermeister: Dr. Franz Stadelmayer, der für drei Tage das Amt des Oberbürgermeisters übernahm. Er erklärte jedoch, man möge den Mann ins Rathaus holen, der schon vor Hitlers Machtergreifung in den Jahren von 1925 bis 1933 Münchens Oberbürgermeister war: Karl Scharnagl. Der aus bestem Münchner Bürgertum stammende Politiker hatte im elterlichen Betrieb das Bäcker- und Konditorhandwerk erlernt, aber schon in jungen Jahren die politische Laufbahn eingeschlagen. Nach seiner Absetzung hatte er den alten Beruf wieder aufgenommen, war jedoch – wie so viele Gegner des Regimes – nach dem Attentat auf Hitler am 20. Juli 1944 im KZ Dachau gelandet. Nach der Befreiung des Konzentrationslagers stöberten die Amerikaner das 64-jährige ehemalige Mitglied der Bayerischen Volkspartei in Glonn auf und brachten den erstaunten Mann direkt ins Münchner Rathaus. Ohne Umschweife wurde er bereits vier Tage nach der Kapitulation, am 4. Mai 1945, wieder als Erster Bürgermeister ins

Amt gesetzt, genoss das Vertrauen der Besatzer und das der Bevölkerung.

Und weil der Münchner, wie schon Ludwig Thoma schrieb, „wie ein Stück Geselchtes ist, nämlich außen schwarz und innen rot!", ernannte Scharnagl einen Roten, den „Sozi" Thomas Wimmer, im August 1945 zum dritten und im Dezember 1945 zum zweiten Bürgermeister. Auch Thomas Wimmer, von 1924 bis 1933 als ehrenamtlicher Stadtrat tätig, war von der Gestapo nicht verschont geblieben: „Schutzhaft" in Stadelheim und Landsberg, später nach dem Attentat vom 20. Juli 1944 kam auch er ins Konzentrationslager Dachau, wo er seinen früheren politischen Gegner Karl Scharnagl traf.

Eines Tages, im Sommer 1945, kreuzte ein Mann mit großem Namen im Rathaus auf. Dr. Walther von Miller, Sohn des Elektropioniers und Gründers des Deutschen Museums Oskar von Miller und Enkel des legendären Erzgießers Ferdinand von Miller. „Sie kommen mir gerade recht!", ermunterte Scharnagl den jungen Rechtsanwalt. Von Miller hatte jahrelang in einer jüdischen Sozietät gearbeitet. Weil er nicht Mitglied der nationalsozialistischen Partei und der NS-Anwaltskammer werden wollte, war ihm vieles verschlossen geblieben. Als Pflichtverteidiger hatte man ihm aussichtslose Fälle zugeschoben. An ein berufliches Fortkommen war für den jungen Juristen nicht zu denken. Nur der große Name schützte ihn vor Repressalien. Nun, im Sommer 1945, war seine Stunde gekommen. So kam es, dass Walther von Miller, der sich bereits einer christlich-konservativen Gruppierung, die ein Gegengewicht zu SPD und KPD schaffen sollte, angeschlossen hatte, Münchner Stadtrat und ab 1949 zweiter Bürgermeister wurde.

Ein hoffnungsvoller Neubeginn

Als am 1. August 1945 der neu gebildete Stadtrat im Kleinen Sitzungssaal des Neuen Rathauses zu seiner ersten Sitzung zusammentraf, wurden 36 ehrenamtliche Stadträte, darunter zehn ehemalige KZ-Häftlinge aus Dachau, per Handschlag verpflichtet. Für parteipolitisches Gezeter war keine Zeit, denn es galt, die Bevölkerung aus der Misere zu befreien. Als Erstes wollte man die prekäre Ernährungssituation verbessern und das verheerende Wohnungselend der Bürger lindern. Und man dachte bereits an den Wiederaufbau der Stadt.

Was den Wiederaufbau der zerstörten Stadt betraf, gab es damals im Rathaus zwei Strömungen. Die einen wollten den radikalen Neuanfang, die anderen forderten die Wiederherstellung der kulturell-repräsentativen Bauten. Man erwog sogar, München als Ruinendenkmal zu erhalten und nahe dem Starnberger See eine völlig neue Stadt aufzubauen. Doch dem radikalen Neuanfang standen schwierige Bodenrechtsverhältnisse entgegen. Da die unterirdischen Versorgungs- und Entsorgungseinrichtungen trotz der Bombardierungen weitgehend erhalten waren, entschied man sich, dieses wertvolle Reservoir für den Wiederaufbau zu nutzen. Die Gruppe um Scharnagl, von Miller und Stadtbaurat Karl Meitinger setzte sich durch und wählte den „Münchner Weg", das „Wiederauferstehen des alten Münchens".

Doch zuerst galt es wegzuräumen, was die verheerenden Bombenangriffe übrig gelassen hatten: 7,5 Millionen Kubikmeter Schutt. Oberbürgermeister Dr. Scharnagel setzte die Schutträumaktion „Rama dama" in Gang, die dann von seinem Nachfolger Thomas Wimmer übernommen wurde. Freiwillige Helfer und Trümmerfrauen leisteten Erstaunliches, schafften sie doch an einem Tag rund 18 000 Kubikmeter Schutt weg. Sie schaufelten die Stadt von den Kriegstrümmern frei und sorgten für neuen Schwung in der Bevölkerung.

Für die Menschen waren die Aussichten Ende 1945 schlecht. Jeder fürchtete den Winter und die Kälte, denn das Wohnungselend war groß. Die Menschen lebten in Ruinen, Kellern, Lagern, Baracken oder sie teilen sich mit vielen eine Wohnung. Es gab kaum Brenn- und Baumaterial ... und wie sollte man satt werden? Die Rationen waren so klein, dass man, um die für vier Wochen zugeteilten Lebensmittelrationen zu beziehen, nicht mehr als zwölf Reichsmark ausgeben konnte. Die horrenden Schwarzmarktpreise konnten sich die meisten Menschen nicht leisten. Die Not war unabsehbar für viele Jahre.

Der Schwarzhandel blühte und die Zigarette bestimmte die Kaufkraft des Geldes. Eine kostete 12 Mark und für einen Tageslohn konnte sich der Arbeiter gerade zwei „Camel" oder „Lucky Strike" eintauschen. Wer Zigaretten hatte konnte damit Lebensmittel auf dem Schwarzmarkt ersteh en. Für 20 Zigaretten bekam man ein halbes Pfund Butter oder ein Pfund Fleisch, für 200 Stück ein Paar Schuhe. Es wurde gehamstert und geschachert und über allem stand das „Ewige Warten". Hatte man die drei Bescheinigungen in der Tasche, die man sich erwartet hatte, wartete man auf eine neue, mit der man hoffte, eine weitere Bescheinigung sich zu erwarten ...

1948 – Das Jahr der Wende

Die sinnlose Kriegswirtschaft hatte der Reichsmark alle Geld- und Devisenreserven geraubt. Der maßlos übersteigerte Notendruck brachte sie um jeden Wert. Das Geld war nicht einmal das Papier wert, auf das es gedruckt wurde.

Die Besatzungstruppen konnten sich zunächst nicht über ein Konzept zur Stabilisierung der Währung einigen. Sie schoben die Entscheidung so lange vor sich her, bis endlich die Amerikaner, Engländer und Franzosen am 16. Juni 1948 die Währungsreform proklamierten. Trotz aller Gerüchte gelang es, den „Tag X" geheim zu halten. Unter starker Bewachung wurde das in Amerika gedruckte Geld in die Depots der drei Westalliierten gebracht. Kurz vor Mitternacht zum 20. Juni 1948 erlebte das Schwarzmarktgeschäft mit Butter und Zigaretten seinen letzten Höhepunkt.

Dann kam der „Tag X": Mit 40 D-Mark Kopfgeld gab es einen neuen Anfang - ohne Ausnahme und für alle! Über Nacht geschahen echte Wunder. Die Schaufenster waren voll mit Waren aller Art, die vom Handel lange Zeit zurückgehalten worden waren, um sie nicht für wertloses Geld zu verschleudern. Plötzlich konnte man einfach alles kaufen - Uhren, Radioapparate, Salami, Käse, Torten, Fleisch und Gemüse. Der Münchner Schauspieler Walter Sedlmayr erinnerte sich an jene Zeit: „Als ich einen Tag nach der Währungsreform auch noch vom Bayerischen Rundfunk meine Gage von 150,- Reichsmark in D-Mark ausbezahlt bekam und dazu noch meine 40,- D-Mark „Kopfgeld" in der Tasche hatte, fühlte ich mich wie ein wahrer Krösus. Ich kaufte für 60,- D-Mark die feinsten Delikatessen beim Dallmayr und lud 30 Freunde, darunter die Liesl Karlstadt, ein. Auch die Arbeit machte wieder Freude, denn das Geld, das man bekam, war wertvoll!"

1949 – Es geht aufwärts!

Erstaunliches hatte sich seit Kriegsende in München ereignet. Der Stachus, noch in den ersten Nachkriegsjahren eine öde Trümmerlandschaft, wurde das Verkehrszentrum der Stadt. Im Frühjahr 1949 zählte man täglich 25 000 Fahrzeuge, die den Platz kreuzten. Die Innenstadt war völlig vom Schutt befreit. Im Dezember waren 5500 Wohnungen im Bau. 1949 war das Jahr des Wiederaufbaus und der wiederkehrenden Ordnung. Vier Jahre nach dem Ende des Deutschen Reiches und dem Untergang der Hitler-Diktatur wurden dann die drei westlichen Besatzungszonen zu einem neuen Staatsgebilde vereinigt, der Bundesrepublik Deutschland.

Das zerstörte München

Ruinenwinter

Ein Zunftzeichen ist geblieben und ein Name. Durch Trümmerwüsten und auf Trampelpfaden war unser Fotograf unterwegs in seiner zerstörten Stadt. Oft war nichts mehr da von dem, was einst dort stand.

St. Markuskirche

Gnädig deckt der Schnee die Schutthalden zu. Scharf sind die Konturen der Ruinen. Im Winter 1944/45 ertrug die Universitätskirche St. Markus schwere Bombenangriffe. Allein der Turm blieb erkennbar. Nicht lange verweilten Reste der neugotischen Inneneinrichtung in der Kirchenruine, denn Brennholz war für die Menschen wichtiger als Kirchenbänke und Kleinodien. Der Turm müsse wegen Baufälligkeit abgetragen werden, war die Meinung des mit dem Wiederaufbau beauftragten Architekten Gustav Gsänger. Er baute den Turm neu auf und setzte ein kleines Zeltdach darauf. Eine Spur von Schönheit? Begeistert waren die Münchner nicht, es gab heftigen Widerstand in der Gemeinde.

Altstadt

Bei dem Angriff der Air Force in den Mittagsstunden des 22. November 1944 wurden die die Stadtsilhouette prägenden Kulturbauten getroffen. Die gotische Frauenkirche, das Wahrzeichen der Stadt mit den beiden charakteristischen welschen Hauben, blieb zwar als Gebäude erhalten, doch wurde die Kathedrale aus dem 15. Jahrhundert übel zugerichtet. Die Türme standen noch und bestimmten das Bild der Ruinenstadt. Insgesamt wurden 90 % der Altstadt zerstört.

Nach einem Bombenangriff auf die Altstadt

Eine Schneise der Verwüstung zog sich durch die Perusa- und Maffei-straße bis hinter zum Dom. Das Eckhaus Maffei-/Theatinerstraße wurde vollständig zerstört, das gegenüberliegende Arco-Palais stark beschädigt. Brauchbare Ziegelsteine waren sorgfältig aufgeschichtet worden.

Dom

Der Stadtkern zwischen Rathaus und Frauenkirche war im Sommer 1945 eine Trümmerwüste. In diesem Viertel war kein Haus verschont geblieben. Die Türme des Doms – das Wahrzeichen der Stadt – standen noch, aber von den um 1525 aufgesetzten Turmhauben wurden die Kupferdächer weggefegt. Die Uhr hat zwölf geschlagen ... und ist stehen geblieben. Die Renovierungsmaßnahmen dauerten schließlich bis zum Jahre 1994.

Überreste der ältesten Pfarrkirche Münchens

Schwer hat der „Alte Peter", eines der Wahrzeichen Münchens, gelitten. Bis auf die Außenmauern wurde die älteste Pfarrkirche Münchens, zerstört. Das Gebäude wurde in Teile gerissen und die Turmspitze hinweggefegt. Stehen geblieben waren diese Mauern, hinter denen sich der Hochaltar befand.

Peterskirche

Erbarmungswürdig sieht die älteste Kirche der Stadt aus. Die charakteristische Domspitze fehlt, das Kirchenschiff ist zerstört. Nach Ende des Zweiten Weltkrieges wurde die Kirchenruine zum Abriss freigegeben, die Sprenglöcher waren bereits gebohrt. Doch mit der Entschlusskraft der beiden Stadtpfarrer Max Stritter und Max Zistl, den Wiederaufbau unter allen Umständen durchzuführen, retteten beide die Kirche. Die Reparaturarbeiten begannen 1946. 1951 beschloss der 1950 gegründete „Wiederaufbauverein Alter Peter", die Turmkuppel nach historischen Aufnahmen wiederherzustellen. Mit der Aufsetzung des Kreuzes auf dem Turmhelm am 8. September 1951 und der Weihe des Hochaltares am 27. Juni 1954 durch Kardinal Wendel, wurde der Wiederaufbau der äußeren Form abgeschlossen. Die Rekonstruktion des Inneren dauerte bis zum Jahre 2000.

Theatinerkirche St. Kajetan und das Palais Moy

Die prachtvolle Theatinerkirche, das barocke Schmuckstück der Stadt, wurde schwer in Mitleidenschaft gezogen. Zu allererst musste die Kuppel gesichert werden. Die äußeren Rekonstruktionsarbeiten dauerten von 1946 bis 1952. Das klassizistische Adelspalais derer von Moy (rechts), nach Entwürfen von Leo von Klenze erbaut, wurde in den Jahren 1950 bis 1952 größtenteils originalgetreu wieder aufgebaut.

Feldherrnhalle und das Drückeberger-Gassl

Dort, wo alles begann: Am 9. November 1923 scheiterte vor der Feldherrnhalle Hitlers Putschversuch, der die Weimarer Republik zu Fall bringen sollte. Dabei kamen 16 Putschisten und vier Polizisten ums Leben. Zu Ehren der Putschisten stand vor der Feldherrnhalle während des „Dritten Reiches" Tag und Nacht eine SS-Ehrenwache. Die Vorübergehenden waren zum Hitlergruß verpflichtet. Wer nicht stramm den Arm ausgestreckt „Heil Hitler" kundtun wollte, der ging nicht vorbei. Man schlich sich flugs durch die hinter dem Bauwerk liegende Viscardigasse, im Volksmund das „Drückeberger-Gassl" genannt. Nun, nach Ende des Krieges brauchte sich hier niemand mehr verdrücken.

St. Michael – Das deutsche Rom

Heute gehören sie zu den glanzvollsten musikalischen Erlebnissen in der Stadt: die festlichen Konzerte christlicher Musik aus fünf Jahrhunderten, die Hochämter, feierlichen Messen und Gottesdienste, die in der Jesuitenkirche St. Michael in der Neuhauser Straße, mitten in der Fußgängerzone gelegen, aufgeführt werden. St. Michael, die größte Renaissancekirche in Bayern, zählt zu den schönsten Gotteshäusern der Stadt. Dass die Michaelskirche am 23. November 1944 nach einem Bombenangriff fürchterlich zugerichtet war, ist für viele Menschen heute unvorstellbar. Das Deckengewölbe, nach dem Petersdom in Rom das Größte seiner Art, wurde regelrecht von den zerstörerischen Kräften weggepustet. Eine Ruine mit offenem Dach und verwüstetem Inneren blieb von all der Pracht übrig.

Fragment einer Kathedrale

Die Mariahilfkirche, das Wahrzeichen der Au, wurde bis auf die Außenmauern zerstört. Die älteste neugotische Kirche Deutschlands wurde nach Plänen der Architekten des Wiederaufbaus Hans Döllgast und Michael Steinbrecher in den Jahren 1951/1952 vereinfacht wieder aufgebaut. Während der 1970er-Jahre wurde der Turmhelm abgetragen. Durch einen Brand nach Fliegerangriffen 1944/45 und die Luftverschmutzung war der Kalkstein spröde geworden. Erst 1981 wurde die aus Beton nachgegossene Turmspitze wieder aufgesetzt. Heute ist die Au ein beliebtes Wohnquartier, doch bestimmt die Architektur des Wiederaufbaus das Straßenbild.

Nationalmuseum – Die „Schatztruhe Bayerns"

Die Mauern des Bayerischen Nationalmuseums wurden durch Luftangriffe stark beschädigt, die Säle waren ausgebrannt. Doch durch die Auslagerung großer Teile der wertvollen Sammlung konnte diese gerettet werden. Die amerikanische Militärregierung übernahm den Schutz der Bergungsplätze und verbot jede unbefugte Bewegung der Kunstgegenstände. Mit einfachsten Mitteln wurde der Bau wiederhergestellt. Bereits im Frühjahr 1947 konnten die Münchner durch die ersten neuen Säle schreiten.

Der unter Prinzregent Luitpold nach Entwürfen von Gabriel von Seidl im Jahre 1900 eröffnete Museumsbau, die „Schatztruhe Bayerns", birgt eine einzigartige Kunst- und kulturhistorische Sammlung. Bilder aus dem Mittelalter und der Renaissance, Prunkmöbel, Uhren, Kunsthandwerk, Plastiken und Meisterwerke der Bildschnitzkunst, wie die von Tilman Riemenschneider, Multscher und Leinberger, beherbergen das Museum. Mit einer bedeutenden Spiele- und Elfenbeinkollektion, kunstvollen Jugendstilobjekten und der überaus berühmten Krippenausstellung ist das Bayerische Nationalmuseum eine Sammlung von internationalem Rang.

Ruinenstadt

Münchens Hauptstraßen waren im Sommer 1945 nicht wiederzuerkennen. Ob in Schwabing, Neuhausen oder Sendling, überall sah man das gleiche Bild der Zerstörung: Ruinen, Trümmer, Schutt. Noch war der Wiederaufbau ein schöner Traum, denn Mangel beherrschte das Leben. Die Stadtväter jedoch planten bereits den Wiederaufbau der Stadt. Oberbürgermeister Dr. Scharnagl erklärte: „München will stark am alten Stadtbild und seiner Behaglichkeit festhalten!" Das war angesichts der Ruinen kaum vorstellbar.

Schillerdenkmal

„Leergebrannt ist die Stätte,
Wilder Stürme, raues Bette.

In den öden Fensterhöhlen
wohnt das Grauen."

(aus Friedrich von Schillers
„Lied von der Glocke")

Das Denkmal des deutschen Dichters
auf dem Maximiliansplatz blieb vom
Bombenhagel verschont. Die Bauten
auf dem Platz jedoch wurden größtenteils zerstört. Anklagend ragen die ver-
brannten Bäume in den Himmel.

Siegestor – Vom Kriegsdenkmal zum Friedensmahnmal

An einem regnerischen Herbsttag offenbarte sich die ganze Tristesse der Zerstörung. Im Juli 1944 war bei einem der schweren Luftangriffe ein Sprengsatz im Siegestor detoniert. Der zu erwartende Abriss der einsturzgefährdeten Ruine war 1945 bereits beschlossene Sache. Dann, auf ausdrücklichen Wunsch des ersten amerikanischen Stadtkommandanten, Oberst Eugene Keller, sollte das Denkmal wieder „hergerichtet" werden. Immerhin, der aus Memphis/Tennessee stammende Colonel sprach „schwyzerdütsch", was wohl zur allgemeinen Verständigung mit dem Münchner Stadtrat beigetragen haben mag.

Das Siegestor wurde zwischen 1843 und 1852 im Auftrag von König Ludwig I. nach den Entwürfen von Friedrich von Gärtner zum Ruhme des bayerischen Heeres erbaut. An der Nordseite des Siegestores steht die Inschrift: „Dem bayerischen Heere", was an das Ende der napoleonischen Befreiungskriege von 1813 bis 1815 erinnern sollte. Nach einem Entwurf des Schriftstellers Wilhelm Hausenstein wurde im Jahre 1958 auf der Südseite des Tores die Inschrift „Dem Sieg geweiht, vom Krieg zerstört, zum Frieden mahnend", angebracht. Eine neue symbolische Bedeutung, denn Krieg bringt nicht nur Sieg, sondern auch Leid und Zerstörung – er zerstört sogar Symbole des Sieges, daher kann die Lösung nur der Frieden sein. Dadurch wurde der Wechsel vom Kriegsdenkmal zum Friedensmahnmal vollzogen.

Ludwig-Maximilians-Universität (LMU)

Am 1. April 1946 begann in der vom Krieg beschädigten Universität wieder der Lehr- und Lernbetrieb. Da es an Bau- und Facharbeitern mangelte, wurden die Studenten aufgefordert, sich am Wiederaufbau mit je 100 Arbeitsstunden zu beteiligen. Am Vormittag des 17. Juni 1948 demonstrierten erstmals nach dem Kriege an die 11 000 Studenten gegen die schlechte Ernährungslage.

War doch nur fünf Jahre zuvor, während des Zweiten Weltkrieges, an Münchens Alma Mater die Widerstandsgruppe „Weiße Rose" um die Geschwister Scholl entstanden. Bei der Verteilung von regimefeindlichen Flugblättern wurden die Akteure 1943 von der Gestapo aufgegriffen, verhaftet, in einem Schauprozess zum Tode verurteilt und durch das Fallbeil getötet.

Neue Pinakothek

Bei den gewaltigen Bombenangriffen im Jahre 1944 wurde die Neue Pinakothek schwer beschädigt und nach Kriegsende abgetragen. Und dies, obwohl der Museumsbau besser erhalten war als die Alte Pinakothek, die 1957 nach einer fünfjährigen Bauzeit wieder eröffnet wurde. Als am 25. Oktober 1853 von König Maximilian II. die Neue Pinakothek eröffnet wurde, war sie weltweit die erste Sammlung „Moderner Kunst" (vom 18. Jahrhundert und später bis zum beginnenden 20. Jahrhundert) und sollte einen Gegenpol zu den „Alten Meistern" bilden, die seit 1836 im Schwesterbau, der Alten Pinakothek, ausgestellt waren.

Fragment der Neuen Pinakothek

Von der Ruine der Neuen Pinakothek blieb dieser Filigranbogen stehen und wurde bald wegen Einsturzgefahr gesprengt.

Das Ende der Wand – Neue Pinakothek

1949, fünf Jahre nach der Bombardierung der Alten Pinakothek, wurde ihre letzte Wand gesprengt. Kein schwindelfreies Unternehmen für den Mann oben auf der Wand ... und den Fotografen.

Bayerisches Armeemuseum

Das Museum der bayerischen Militärgeschichte wurde von König
Ludwig II. auf Anregung des Generals Friedrich von Bothmer und
des Kriegsministers Joseph Maximilian von Maillinger 1879 gegrün-
det; 1895 entstanden erste Pläne für den Bau des Monumentalge-
bäudes am Rande des Hofgartens. Damit wollte man vor allem die
Militärhoheit Bayerns während des deutsch-französischen Krieges
1880/81 demonstrieren. Seit 1924 befindet sich auf der Rückseite
des Museums die Gedenkstätte für alle Gefallenen der „Königlich
Bayerischen Armee". In der Krypta auf dem linken Steinquader am
Kopf des Kriegers wurde nach Kriegsende die Inschrift: „Zum Geden-
ken an die 22 000 Gefallenen, 11 000 Vermissten, 6600 Opfer des
Luftkrieges der Stadt München 1939–1945" hinzugefügt. Die 1982
sanierte Kuppel des ehemaligen Museums bildet heute den Zentral-
bau der Bayerischen Staatskanzlei.

Bayerische Staatsbibliothek

Bei dem Großangriff in der Nacht vom 9. auf den 10. März 1943
wurde die Bayerische Staatsbibliothek durch Brandbomben stark zerstört. Der nördliche Teil des Gebäudes brannte vollständig aus. In
dieser Nacht machten sich tapfere Menschen auf, um aus dem brennenden Bau tausende von Büchern zu retten und in der benachbarten Kirche St. Ludwig zu deponieren. Über eine halbe Million Bücher
wurden Opfer der Flammen, darunter 18 600 wertvolle Handschriften, insgesamt 23 % des Gesamtbestandes. Weitere Angriffe trafen
das Haus am 3./4. Oktober 1943, am Morgen des 25. April 1944
sowie am 7./8. Januar 1945. Zerstört wurden 85 % des Gebäudes.

Bis zur Mitte der 1960er-Jahre dauerte der schrittweisen Wiederaufbau. Mit einem Bestand von fast 10 Millionen Bänden, rund 55 000
laufenden Zeitschriften in gedruckter und elektronischer Form und
über 93 000 Handschriften, zählt die „Stabi" zu einem der bedeu-
tendsten Wissenszentren der Welt.

Abtei St. Bonifaz

Das von König Ludwig I. 1835 gegründete Benediktinerkloster St. Bonifaz, in unmittelbarer Nähe des Königsplatzes gelegen, wurde 1944/1945 schwer beschädigt und später nur teilweise wieder aufgebaut. Hier befindet sich die Grablege Ludwigs I. und seiner Frau, Königin Therese, die 1854 an der Cholera starb. Dass einmal ein Sturm über Europa hereinbrechen, die alten Mächte hinwegfegen und seine geliebte Stadt zerstören würde, hätte sich Ludwig I., der Begründer des klassizistischen Münchens, wohl nicht vorstellen können.

Residenzstraße

Die Münchner Residenz war von 1508 bis 1918 Wohn- und Regierungssitz der bayerischen Herzöge, Kurfürsten und Könige. 1944 wurde die Schlossanlage schwer zerstört. Von 23 500 Quadratmetern Dachfläche blieben nur 50 Quadratmeter unbeschädigt. Der Wiederaufbau dauerte Jahrzehnte. Fast das ganze Mobiliar und ein Großteil der Wand- und Deckenverkleidungen waren bereits vor den ersten Bombenangriffen ausgelagert worden, auch der Kronschatz der Wittelsbacher. Dank des mutigen Einsatzes des Architekten der Schlösser- und Seenverwaltung Tino Walz konnten die Kroninsignien im Keller eines Bauernhofes am Tegernsee versteckt werden.

Stadtmuseum – Das Gedächtnis der Stadt

Im ehemaligen Zeughaus am Anger wurde ab 1888 das Stadtmuseum eingerichtet. Vom „Historischen Museum der Stadt München" – wie es vor 1954 hieß – war nur die Fassade übrig geblieben. In der Nachkriegszeit entwickelte sich das Münchner Stadtmuseum zu einem beachtlichen Ausstellungshaus mit umfangreichen Sammlungen. Heute trifft man täglich viele Münchner und Touristen aus aller Welt an diesem Ort der kulturellen Begegnung. Sie alle gehen durch den romantischen Eingangshof zum Zeughaus, einem der letzten Zeugnisse spätgotischer Profanarchitektur.

Königsplatz

Zwei amerikanische Soldaten schlendern über den Königsplatz vorbei am einstigen Führerbau (links). Der Administrationsbau Hitlers wurde ab 1948 zum „Amerikahaus", eine kulturelle Begegnungsstätte mit dem Ziel, den Münchnern Demokratie am Beispiel Amerikas nahezubringen. Bei der Jugend stieß das „Ami-Haus" auf große Begeisterung, denn es bot kostenlose Filmvorführungen, eine Jugendbibliothek, Sing- und Malkurse, Märchenstunden und Spielgruppen an. Heute beherbergt der Bau die Hochschule für Musik und Theater.

Die Ruinen eines der Ehrentempel der Gefallenen des Hitlerputsches und des „Braunen Hauses", von 1930 bis 1945 Parteizentrale der NSDAP, sind von einem Bauzaun umgeben. Beide Überreste ließen die Amerikaner 1947 sprengen. An dieser Stelle soll 2014 das NS-Dokumentationszentrum eröffnet werden. Mit Granitplatten hatten die Nazis das von Ludwig I. im klassizistischen Stil errichtete Stadtentree pflastern lassen. Heute finden im Sommer auf dem Königsplatz Open-Air-Konzerte von Klassik bis Pop statt.

Oberanger – Rosental

Auf diesem Platz stand das 1944 zerstörte Kaufhaus Uhlfelder, neben dem Kaufhaus „Herman Tietz" („Hertie") das zweitgrößte Kaufhaus der Stadt. Der Einkauf beim „Uhlfelder" war für die Münchner eine Attraktion. Das moderne Warenhaus verfügte schon vor dem Krieg über eine der ersten Rolltreppen. Beschäftigt waren hier über 1000 Arbeiter und Angestellte. Der Eigentümer, Max Uhlfelder, symbolisierte das fortschrittliche und wirtschaftlich erfolgreiche Münchner Judentum und war den Nazis ein Dorn im Auge. Uhlfelder erlebte Entrechtung und Verfolgung. 1939 konnte er sich und seine Familie über die Schweiz und Indien in die USA retten. Ab 1953 nahm er seinen Wohnsitz in München wieder auf und bemühte sich um die Rückerstattung bzw. Entschädigung seines geraubten Vermögens. Erst 1971, 13 Jahre nach seinem Tod, konnte das Wiedergutmachungsverfahren endgültig abgeschlossen werden.

(aus „Ort und Erinnerung" von Winfried Nerdinger)

City-Hotel

Große Pläne! Zwischen Ruinen sollte ein Großstadthotel mit 110 Betten errichtet werden. Der Luftschutzbunker an der Hotterstraße wurde dann 1947 für die Gäste der Stadt zum „Hotel City" umgebaut. Das Hotel verfügte über „gemütliche Restaurationsräume"!

Palast der Justitia

Der Justizpalast im Herzen der Stadt zwischen Prielmayer- und Elisenstraße war in einem erbärmlichen Zustand. Das imposante neobarocke Gebäude war in den Jahren 1890 bis 1897 nach Plänen von Friedrich von Thiersch errichtet worden. Nun war es ausgebrannt. Nur zwei Jahre zuvor, im Frühjahr 1943, war der Justizpalast Schauplatz der Prozesse des „Volksgerichtshofes" gegen die Mitglieder der studentischen Widerstandsgruppe „Weiße Rose" gewesen. Heute erinnert eine Dauerausstellung in Saal 253 an die mutigen Studenten um die Geschwister Scholl.

„Pfahlbauten"

Beim Anblick dieser wackeligen Behelfsläden dürfte wohl die Lokalbaukommission ein Auge zugedrückt haben. Das „Baumaterial" hatte man sich auf Schutthalden zusammengesucht, Nägel aus alten Brettern gezogen, flachgeklopft und wiederverwendet. Es galt zu improvisieren – Not machte erfinderisch!

„Rama dama" – Das große Aufräumen

1948 – Ein Jahr des Fortschritts

Am 31. Dezember 1948 erklärte stolz Münchens Oberbürgermeister Thomas Wimmer in einem Interview in der Süddeutschen Zeitung: „1948 ist die Hälfte des Schutts aus der Stadt geschafft worden. Aber es sind noch 2,5 Millionen Kubikmeter zu beseitigen." Der OB, den die Münchner liebevoll „Wimmer Dammerl" nannten, wünschte sich nur eines, nämlich, „dass München wieder München wird".

„Trümmer-Express"

Die „Bockerlbahn", auch „Trümmer-Express" genannt, auf Schmalspurgleisen war ein wichtiges Verkehrsmittel durch die zerstörte Stadt. Das Trambahnnetz war zusammengebrochen und kam nur langsam wieder in die Gänge. Im Oktober 1944 wurde die Bockerlbahn als „Notbahn" eingerichtet und der zum Fatalisten gewordene Münchner taufte sie auf den Namen „Trümmer-Express". Die zweiachsigen Bau-Loren waren mit Bänken und teilweise mit Notdächern ausgestattet. Sie zockelten auf behelfsmäßigen Feldbahnschienen, von kleinen Baulocks gezogen, durch die Stadt. Auf den Bau-Loren wurde der Schutt der zerstörten Stadt abtransportiert, hinaus nach Oberwiesenfeld, wo riesige Schuttberge entstanden.

München – das war einmal!

So wie diesem Heimkehrer, der seine Stadt in Trümmern vorfand, erging es auch dem Schauspieler Gustl Bayrhammer. Als er aus amerikanischer Kriegsgefangenschaft zurück nach München gekommen war, schrieb er in sein Tagebuch: „Über das Wiedersehen mit meiner geliebten Mutter vergaß ich für wenige Stunden die ganze Trostlosigkeit meiner Umwelt. Die Stadt, die ich bei Ausbruch des Krieges verlassen hatte, war nicht wiederzuerkennen. Wie in einem riesigen Pompeji lebten die Menschen zwischen Bergen von Geröll und Schutt. München, das war einmal!"

Mit Pickel und Schaufel

Die Spitzhacken- und Schaufelhersteller mögen Hochkonjunktur gehabt haben, denn diese brauchte man bei der Schutträumungsaktion „Rama dama". Die Stadt wurde aufgeräumt! Auch die privaten Haus- und Grundbesitzer wollten so schnell wie möglich ihr Haus aufbauen. Aber wo sollte man anfangen?

Schutträumaktion „Rama dama"

Auch er hat kräftig zugelangt, Münchens Oberbürgermeister Thomas Wimmer. Wie schon sein Amtsvorgänger, Oberbürgermeister Scharnagl, der die Schutträumaktion ins Leben gerufen hatte, wollte Thomas Wimmer Vorbild sein. Er griff zur Schaufel und während der Pause zu einer kräftigenden Maß „Holzkirchner Oberbräu". Auch symbolisch fegte Thomas Wimmer den „braunen Schutt" weg, wenn er das Trinklied sang: „Hoch Freundschaft, Freiheit, Vaterland, die Becher ausgetrunken, was bist du deutsches Vaterland, zur Zeit so tief gesunken!"

„Mit Frohsinn gegen Trübsal"

Kaut-Bullinger, Rosen-Apotheke und Sport Schuster: Die Häuser der Geschäfte in der Innenstadt sind Opfer von Bomben geworden.
Während der Schutträumaktion „Rama dama" spielte eine Blaskapelle zur Ermunterung der Menschen auf. Die Musikanten hatten
ihre Trachtenanzüge und Hüte über den Krieg hinweggerettet. „Mit Frohsinn gegen Trübsal" hieß ihre Devise.

Schutträumen auf dem Marienplatz

Am 1. Juli 1948 wurde Münchens zweiter Bürgermeister Thomas Wimmer zum Oberbürgermeister der Stadt bestellt. „Rama dama" hieß seine Parole. Bei der großen Schutträumaktion griff er auch selbst zur Schaufel. Besatzungssoldaten, Freiwillige und Trümmerfrauen leisteten Erstaunliches. 7,5 Millionen Kubikmeter Schutt mussten weg und so schaufelten sie gemeinsam rund 18 000 Kubikmeter pro Tag.

Rund um den Hauptbahnhof

Hauptbahnhof – Bahnsteighalle

Von hoch oben aus hatte unser Fotograf die zerstörte Bahnsteighalle und die dahinterliegende Stadtkulisse mit den Frauentürmen vor die Linse bekommen. Links hinter dem Bahnhofsgebäude ist das vom Bombenhagel fast verschont gebliebene Kaufhaus Herman Tietz, „Hertie", zu sehen, dahinter das neugotische Backsteingebäude des Neuen Justizgebäudes mit den beiden Türmen. Daran schließt sich der neobarocke Justizpalast an. Rechts neben dem Kaufhaus Hertie, das eingerüstete Telegrafenamt.

Der Hauptbahnhof, eine Ruinenlandschaft

Im Krieg erlitt der Bahnhof schwerste Schäden durch die britisch-amerikanischen Bombardierungen. Trotzdem, nach fast jedem Bombenangriff konnte der Zugverkehr teilweise wieder aufgenommen werden, auch weil zerbombte Gleise repariert werden konnten. Wegen der Luftangriffe mieden Soldaten und Zivilisten die Nähe des Hauptbahnhofes. Erst Ende April 1945 war das Eisenbahnnetz durch die ständigen Luftangriffe vielfach unterbrochen, das Bahnhofsgebäude fast völlig zerstört. Vom 16. Mai bis 16. August 1949 wurde die einsturzgefährdete Bahnsteighalle erst gesprengt und dann die restlichen Gebäuderuinen abgerissen, um einen Wiederaufbau zu ermöglichen.

Achtung Heimkehrer!

Das Rote Kreuz hatte auf dem Hauptbahnhof eine Anschlagtafel angebracht, um heimkehrenden Soldaten nach dem Schicksal ihrer Kameraden zu befragen.

„Achtung Heimkehrer! Könnt ihr über nachstehende Kameraden Auskunft geben? Die Angehörigen bitten Euch darum. Angaben nehmen entgegen, die ‚Heimkehrerleitstelle des Roten Kreuzes'." Unerschütterlich glaubten Frauen, Eltern und Kinder an die Heimkehr ihrer Liebsten. Waren die Vermissten noch am Leben? Waren die Söhne noch in Kriegsgefangenschaft? Wann würden sie heimkommen? Gab es einen Hoffnungsschimmer?

Heimgekehrt

Der starre Blick des desillusionierten Heimkehrers traf den Fotografen, als dieser einen Kameraden auf dem Hauptbahnhof erwartete. Im Kopf hatten wohl beide – der Heimkehrer und der Fotograf – den Slogan der letzten Kriegsmonate: „Genießt den Krieg, denn der Friede wird fürchterlich!" Wer oder was würde den jungen Mann erwarten? Einen Teil seiner Jugend hatte er an der Front verbracht. Durch fremde Länder war er gezogen, und hinter Stacheldraht vegetierte er die letzten Wochen bis zu seiner Entlassung aus der Kriegsgefangenschaft. Nun kam er zurück in die zerstörte Heimatstadt. Stand das Haus noch? Waren Familie, Freunde und die Verlobte wohlauf?

Nach
Hamburg(Altona)
über Ingolstadt
Würzburg Hannover

ab **13** 4 0
Verspätung vs Min

Die Benutzung dieses Zuges ist nur mit
Zulassungskarte
zu der Fahrkarte gestattet. Bei Zuwiderhandlung
hat der Betroffene für die bereits durchfahrene
Strecke den doppelten Fahrpreis zu entrichten u.
den Zug am nächsten Haltebahnhof zu verlassen.

München – Hamburg-Altona

„Die Benutzung dieses Zuges ist nur mit Zulassungskarte zu der Fahrkarte gestattet!" So einfach war es nicht, irgendwo hinzufahren. Selbst für den Bahnsteig benötigte man eine Bahnsteigkarte, die 10 Pfennige kostete. Erst dann durfte man als Begleitperson den Reisenden bis zum Zug bringen. Trotz allem herrschte reges Leben auf dem Münchner Hauptbahnhof und irgendwie kam man dahin, wohin man wollte.

Warten auf die Trambahn

Zerbombt war auch die Front des „entkernten" Hauptbahnhofes. Von dem Bürklein-Bau mit seinen Rundbögen und der roten Backsteinfassade blieb nur eine Ruine übrig. Für die Menschen war das endlose Warten auf die Trambahn eine zermürbende und nervenaufreibende Prozedur. Wegen Stromsperren fielen oft für Stunden die Züge aus. Für die Masse der Münchner Bevölkerung waren die Bockerl-Bahn und die ständig überfüllten Straßenbahnen jedoch die einzigen Verkehrsmittel.

Hauptbahnhof – Bayerstraße

Die Zeiten waren schwer und schlecht. Ein junger Mann hat Blumensträußchen zum Verkauf ausgelegt. Mit kleinen Schritten versuchte man, aus der Armut herauszukommen. Mangel beherrschte das Leben in der Trümmerwelt. Es fehlte an allem.

Abfahrt...
Bad Aibling
Ambach
Erding
Freising
Gars
Glonn
Harthausen
Kammerberg
Wolfratshausen-Tölz
Grünwald-Tölz
Landsberg
Tegernsee
Aichach
Faistenhaar
Stegen

Die ersten Züge fuhren wieder

Im Juli 1945 geschah etwas Positives: Ab dem 23. erlaubten die Amerikaner, dass von München aus Züge 50 Kilometer in die Umgebung fahren durften. So kam man wieder nach Tutzing, Herrsching, Schleißheim, Moosburg, Fürstenfeldbruck. Doch beim Warten schieden sich die Temperamente – man träumte, man redete, man döste oder strickte!

Warten auf den Zug

Zwar fuhren die meisten Züge wieder, aber dass sie pünktlich ankamen, war keine Selbstverständlichkeit. Wegen reparaturbedürftiger Gleise und eingleisigen Bahnstrecken kam es zu langen Wartezeiten. Überladen mit Personen und Gepäck fuhren die Züge langsam. Geschultes Personal fehlte, viele Männer waren im Krieg geblieben. Den Fahrgästen blieb nur eines: warten.

„Off Limits"

„Off limits" – Zutritt verboten: Durfte man oder durfte man nicht, nämlich diese Toilette, damals noch zünftig „Abort" genannt, benutzten, wenn's denn pressierte? Während der amerikanischen Besatzungszeit war gar vieles „Off limits" – Toiletten, Restaurants oder Bars, amerikanische Clubs, Teilbereiche von Bahnhöfen oder andere öffentliche Einrichtungen. Das hieß, hier hatten die Amerikaner das Sagen, „off limits".

Hefesud statt Bier

Ein „Manna", wie das aus Ludwig Thomas Geschichte „Ein Münchner im Himmel" war der Hefesud, welcher im Sommer 1947 auf dem Münchner Hauptbahnhof ausgeschenkt wurde, sicher nicht. Zwar wurde das Bier ganz normal mit einer Stammwürze von 12 bis 13 % eingebraut. Dann aber hat man das Ganze auf 1,8 % „verdünnt". Da mag so mancher Braubursch sich ganz heimlich vom „Unverdünnten" seine Maß hineingezogen haben.

Wieder daheim!

Am Schicksal dieser beiden heimgekehrten Soldaten nahmen die Menschen teil. Es war für die Landser der erste Kontakt mit der Münchner Bevölkerung. Noch trugen sie ihre Uniformen mit Rucksack und Aluminium-Brotdose für die Notverpflegung. Für die Männer zählte nur eines: Sie hatten den Krieg überlebt!

Holzkirchner Bahnhof

Schlange stehen vor der „Fahrkartenausgabe" auf dem Holzkirchner Bahnhof. Eine gute Stunde musste man schon warten, um eine Fahrkarte zu kaufen, und noch einmal eine halbe Stunde extra für die Zulassung. Für viele Fahrten brauchte man von der amerikanischen Militärregierung einen Erlaubnisschein, für Reisen außerhalb der besetzten Zone einen Passierschein, erhältlich bei den zuständigen Polizeiämtern. Das hieß: Schlange stehen und warten auf den Ämtern. Ab dem 1. September 1945 durften alle Zivilisten innerhalb der amerikanischen Zone ohne besondere Erlaubnis reisen.

Der Viktualienmarkt

Viktualienmarkt

Geschäftiges Treiben auf dem Viktualienmarkt. Vorkriegsautos kurven mitten durchs Gewühl. Vor den provisorischen Verkaufsbuden und den Standln mit Sonnenschirmen wird Obst und Gemüse verkauft. Die ersten Fundamente für neue Marktstände sind bereits gelegt. Die Dächer des Hauses mit dem Café Neumayer (erstes Haus von rechts) und dem Kustermannbau (zweites Haus von rechts) wurden neu eingedeckt. Von den übrigen Häusern stehen nur die Fassaden, doch unten in den Läden geht der Verkauf weiter. Dem „Alten Peter" fehlt noch die vertraute Turmspitze. Der Dachstuhl der Kirche ist bereits rekonstruiert. Vor allem aber: Der Schutt ist geräumt.

„Arme-Leute-Lindwurm" …

… nannte der Münchner Schriftsteller und Journalist Sigi Sommer (1914–1996) die seltsame Prozession vorbei an den hohen, kahlen Mauern und Ruinen am Viktualienmarkt bis hin zur Freibank. Dort konnte man billiges Fleisch in größerer Menge als der zugeteilten Ration ergattern.

Palmkatzerl

Die ersten Frühlingsboten waren auf dem Viktualienmarkt eingetroffen: Auch in schlechten Zeiten wollte man auf die beliebten Palmkatzerl in der Kar- und Osterwoche nicht verzichten. Ein Palmsträußerl, mit Buchs oder Tanne, gehörte schließlich in jeden katholischen Münchner Haushalt.

Markt und die Heilig-Geist-Kirche

Kohl, Kraut und Rüben, das war's, was diese Marktfrau anzubieten hatte. Auf dem Viktualienmarkt herrschte wieder reges Treiben. Im Hintergrund die zerstörte Heilig-Geist-Kirche, ohne Dach und ausgehöhlt. Auch diese, eine der ältesten Kirchen Münchens, fiel 1944/1945 den Luftangriffen zum Opfer und wurde bis auf die Außenmauern zerstört. Überlebt hat das Gnadenbild der „Hammerthaler Madonna", zu der seit Jahrhunderten die Menschen mit ihren Sorgen und Nöten beteten.

Gleich nach Kriegsende kehrte die „Hammerthaler Madonna" wieder in die Pfarrei zurück, allerdings in den Turmsaal des Angerklosters, den Ersatzkirchenraum für die zerstörte Heilig-Geist-Kirche. Pfarrvikar Miller hielt am 17. Juni 1945 die Festpredigt und gab in seiner Ansprache die Situation der damaligen Nachkriegszeit wieder. „Meine Christen", rief er, „eine Stadt in Trümmern und Fetzen, deren große Vergangenheit man nur noch erahnen kann, ein Münchner Volk das jetzt auf den Straßen den Schutt wegräumt, an den Kanalanlagen und Wasserrohrbrüchen mitarbeitet. Alle arbeiten für eine bessere Zukunft unserer Stadt!" Bis 1949 konnte die Heilig-Geist-Kirche im alten Stil wieder aufgebaut werden und die auch von den Marktfrauen verehrte „Hammerthaler Muttergottes" heimkehren.

Polizeikontrolle

Immer wieder kam es vor, dass die Polizei die Ausweise der Bewohner kontrollierte, wie hier am Sebastiansplatz nahe der Frei-bank. Aber wie wollte man Schwarzhänd-ler, Schieber und Kriminelle von den Men-schen unterscheiden, die nur Lebensmittel ergattern wollten?

Einkaufsbummel

Ein Einkaufsbummel über den Viktualienmarkt war in den Ruinenjahren eine bescheidene Angelegenheit. Es ging hauptsächlich darum, Lebensmittel nach Hause zu bringen. Modegeschäfte, Schuhwaren, Kosmetik und Feinkostartikel waren Luxus und wenn überhaupt nur für viel Geld und Zigaretten auf dem Schwarzmarkt zu bekommen. Die Ruinen der Gebäude standen noch und warteten auf Dächer und Innenausbau. Auf der Ruine der Heilig-Geist-Kriche war bereits ein hölzerner Dachstuhl aufgesetzt worden.

„Entwarnungsfrisur"

Die Frauen, die hier für ein Stück Fleisch anstehen, hatten die Haare nach hinten gekämmt und aufgerollt. Das war in den Kriegs- und Nachkriegs-jahren die schlicht aus der Not geborene sogenannte „Entwarnungsfrisur". Weil es für viele Frauen kaum Gelegenheit gab, die Haare schneiden, pflegen oder gar locken zu lassen, trugen sie das Schlamassel mit Würde. Und weil nach jedem Fliegeralarm die Entwarnung kam, dann, wenn es hieß „Raus aus dem Keller! Alles nach oben", drehte man mit Klemmen und Kämmen das hängende Haar nach oben. Die wirkliche Entwarnung des „Haar-Notstandes" kam mit der Besserung der wirtschaftlichen Lage. Nun konnten die Trümmerfrauen ihr lang ersehntes Verlangen stillen: Friseure hatten Hochkonjunktur.

Der Marienplatz

1948 – Kopfzerbrechen um den Marienplatz

Nach der Schutträumung machte die Neugestaltung des Münchner Marienplatzes den Stadtvätern große Sorgen. Monatelang gingen die Meinungen und Bestrebungen zum Wiederaufbau des Marienplatzes hin und her. Neben den nachhaltigen Kriegszerstörungen, die nach Süden hin dem Platz ein ganz anderes Aussehen gegeben haben, ist es der moderne Verkehr mit seinen Problemen, der die Gestaltung des Marienplatzes zu einer Frage werden ließ. Deshalb hat die Stadt München Architekten und Baumeister aufgerufen, sich an einem Ideenwettbewerb zu beteiligen. 364 Entwürfe wurden eingereicht. In einer Ausstellung wurde erstmalig den Bürgern der Stadt das Recht zugestanden, durch ihre Meinungsäußerung an der Gestaltung des zukünftigen Bildes mitzuwirken. Insgesamt 20 Entwürfe hat das Preisgericht in die engere Wahl genommen, vertrat aber die Ansicht, dass zwar viele Vorschläge gemacht wurden, aber eine wirkliche Lösung noch nicht überzeugend beigebracht wurde. Die dann folgende zweite Stufe des Wettbewerbes befasste sich mit der Einbeziehung der teilweisen Bebauung des Viktualienmarktes.

„Beim „Donisl"

„Der ‚Donisl' hat wieder auf!" – schnell hatte sich die Neuigkeit in München verbreitet und regte die wieder erwachten Lebensgeister der darbenden Bevölkerung an. Ein Himmelreich hätte man gegeben für echte Würstel und schäumendes Bier und das ab fünf Uhr in der Früh. Zu entbehrungsreich waren die Zeiten. Obwohl das „Donislhaus" zerstört war, schaffte man schnell ein Provisorium mit Durchblick zum Dom.

Auf dem Marienplatz

Noch trugen die Männer den kurzen, gescheitelten Haarschnitt, der bald Vergangenheit sein würde. Im Hintergrund das zerstörte Kaufhaus Beck.

Die ersten Autos fahren wieder

Der Schutt ist weggeräumt, die ersten Autos fahren wieder über den Marienplatz. Auch die Straßenbahnen zockeln vom Tal kommend über den Platz, die Kaufinger- und Neuhauser Straße hinunter zum Stachus. Für den Wiederaufbau und die Gestaltung des Marienplatzes aber hat man noch keine Lösung gefunden. Die Stadt hatte einen Wettbewerb ausgeschrieben: über 360 Entwürfe waren eingegangen, die bis Ende Januar 1949 in einer Ausstellung gezeigt wurden. Die meisten Menschen wollten den Platz wieder so haben, wie er war – mit Toren, Türmen und Türmchen.

Der Stachus

Ruinen und Trümmer

Zwischen Stahlträgern und Eisenschrott sitzt ein dunkel gekleideter Mensch mit Hut und zeichnet. Die Kulisse: ein freigeräumter Platz, ein zerstörter Straßenzug. Im Hintergrund das, was vom Stachus geblieben war: Justizpalast, Neues Justizgebäude, Hotel Königshof und das Pini-Haus.

Tankstelle auf dem Stachus

Der Schutt war geräumt. Noch fuhren keine Autos. Schon in wenigen Jahren würde der Karlsplatz zu einem der verkehrsreichsten Plätze Europas zählen: „Mit dem Wiederaufbau und dem Beginn des Wirtschaftswunders passieren täglich 70 000 Autos, 7000 Straßenbahnen, 100 000 Radler und ein Heer von Fußgängern den Stachus", so meldete es die „Süddeutsche Zeitung" am 5. März 1953.

Haltestelle auf dem Stachus

Nicht viel war vom Stachus übrig geblieben. Das zerstörte Pinihaus und der Turm des Neuen Justizgebäudes standen noch, das Gerichtsgebäude war eingerüstet. Die Menschen warteten geduldig auf die Trambahn, wenn denn eine kam.

Leben in der Ruinenstadt

Fliegende Händler

Vor der zerbombten Jesuitenkirche St. Michael in der Neuhauser Straße haben sich fliegende Händler breitgemacht. Alles, was man brauchen konnte, wurde feilgeboten. Der Bombenkrieg raubte den Menschen das Notwendigste. Der schwer beschädigten Augustinerkirche vor dem Dom wurde ein neuer Dachstuhl aufgesetzt. Seit 1964 beherbergt die aufgelassene Kirche des ehemaligen Augustinerklosters das Deutsche Jagd- und Fischereimuseum.

Im Tal

„No Parking" – Parkverbot! Der motorisierte Verkehr im Nach-kriegsmünchen wurde fast nur von den Amerikanern bestimmt und beschildert. Die Straße war weitgehend passierbar, der Schutt wurde auf die Seite geräumt, brauchbare, abgeklopfte Ziegel-steine aufgestapelt. Das Leben ging weiter – auch zwischen Trüm-mern und Ruinen.

Handel zwischen Ruinen

Einen Gewerbeschein hatte die Frau, die ein paar Utensilien anbot, sicher nicht. Aber sie besaß die Fähigkeit, das Leben wieder in die Hand zu nehmen.

Gewerbefreiheit

In der von den Amerikanern besetzten Zone konnte jeder verkaufen was, wo und wann er wollte. Auf Plätzen und in Ruinen schlugen „fliegende" Händler" ihre Zelte auf. In der Stadt zählte man 3445 Hausierer, die mit Seifen, Rasierklingen, Kämmen und Schnürsenkeln von Haustür zu Haustür zogen und ihr Sortiment anboten. Da Mangel an allem herrschte, war ihnen der Verkaufserfolg gewiss, egal was sie anboten.

Behelfsgaststätte „Tannenbaum"

Leicht hatten es die Eheleute Fahrngruber nicht, die von der Tante ererbte Wirtschaft „Der Tannenbaum" in der Kreuzstraße unweit des Sendlinger Torplatzes wieder aufzubauen. Mit dem Behelfsbau war ein Anfang gemacht. Die „Bude" boomte dank des Einsatzes der ganzen Familie. In den 50er-Jahren erfolgte dann der Wiederaufbau der Gaststätte und des Hotels.

Erstes Rauschen im Blätterwald

Das einstige Schaufenster eines zerstörten Gebäudes hat sich der Händler ausgesucht, um seinen Zeitungsladen aufzumachen. Auf geschichteten Ziegelsteinen waren es neben Münchner und deutschen Tageszeitungen erste Illustrierte wie die „Quick", die ab April 1948 auf den Markt kamen. Ausländische Zeitungen, der „Wiener Kurier", oder das amerikanische Blatt „Herald Tribune", speziell für die amerikanische Besatzungszone, gaben einen Blick in die Welt. Aber auch Romanhefte, nämlich Liebes- und Arztromane, hatte der Händler schon wieder in seinem Repertoire.

Tauschhandel

Eine kaum vorstellbare Warenknappheit beherrschte die unmittelbare Nachkriegszeit. Praktisch mangelte es an allem. Besonders schwierig waren Schuhe zu ergattern, warme Wintermäntel waren rar, Schuhbänder dünn und verknotet. All das, was der Mensch für seinen täglichen Bedarf brauchte, war knapp: Seife, Handschuhe, Kochgeschirr, Wäsche und Babybekleidung, Brautkleider oder Anzüge. Da half nur der Tauschhandel: „Tausche Gummistiefel gegen Brautkleid" oder „Sommermantel gegen Ochsenfleisch", ja sogar „Trauringe gegen Matratze". In den offiziellen Tauschstellen blühte der Handel, natürlich gegen Gebühr.

Printmedien

Mit dem heutigen Überangebot von Presseerzeugnissen konnte dieser Mann nicht konkurrieren. Ihm ging's darum, ein paar Pfennige in die Kasse zu bringen – und dies nicht mit Briefmarken. Vor allem der Stadtanzeiger mit seinen Annoncen war wichtig für die Münchner Bevölkerung. Erste Zeitungen kamen allmählich durch Lizenzvergabe der amerikanischen Besatzer auf den Markt. Am 6. Oktober 1945 erschien die erste Ausgabe der „Süddeutschen Zeitung". Auf Seite 1 stand zu lesen: „Die Süddeutsche Zeitung ist kein Regierungs- und kein Parteiorgan, sondern ein ‚Sprachrohr' für alle Deutschen, die einig sind in der Liebe zur Freiheit, im Hass gegen den totalen Staat, in Abscheu gegen alles, was national- sozialistisch ist." Am 13. November 1945 kam dann der „Münchner Mittag", der spätere „Münchner Merkur" auf den Markt. Herausgegeben wurde die Zeitung von Felix Buttersack, der sich maßgeblich für den Wiederaufbau der Stadt engagierte.

Erste Modegeschäfte

Sehnsüchtig schauten die drei Frauen auf das „herzige Dirndl", das sie so gerne besessen hätten. Die ersten Modegeschäfte öffneten zwar wieder, aber auch hier fehlte es am Material. Stoffe, wenn überhaupt, wurden meist durch Tauschhandel erworben. Das änderte sich schlagartig mit der „Währungsreform". Mit der Ausgabe der D-Mark im Juni 1948 waren über Nacht die Läden mit Waren gefüllt.

Maximilianstraße Nr. 30

Das hätte sich Maria Geiselhart anno 1946 nicht im Traum vorstellen können. Dass nämlich ihr Haus in der Maximilianstraße Nr. 30 einmal zu den feinsten Adressen ihrer Stadt zählen würde und in dem Haus mit dem „Saftladen" von Ernst Weigold gegenüber dem Hotel „Vierjahreszeiten" einmal exquisite Magazine, internationale Modehäuser, Banken und Juweliere um die Gunst betuchter Kunden aus Russland und den arabischen Staaten buhlen würden. Die spätere „Shoppingmeile", eine Prachtstraße aus dem 19. Jahrhundert, hatte unter der Zerstörung besonders bei den schwersten Angriffen in den Tagen vom 11. bis 16. Juli 1944 gelitten. Beim Wiederaufbau wurden zuerst die Fassaden rekonstruiert.

Mit Sack und Pack

waren viele Menschen unterwegs, um sich mit dem Nötigsten einzudecken. Die Ausgebombten hatten Hab und Gut verloren, wenig war den zurückkehrenden Evakuierten geblieben, Flüchtlinge und Heimatvertriebene fingen mit nichts an. Was sich auftreiben ließ, wurde eingesammelt. Wo es Brauchbares gab, war man zur Stelle, sei es auf dem Schwarzmarkt oder an durch Mundpropaganda sich öffnenden geheimen Quellen. So schleppten die Menschen ihre „Beute" durch die Stadt.

Kriegsopfer

Für die tausenden von Kriegsopfern gab es in den ersten Nachkriegsjahren nur einen sehr dürftigen „Dank des Vaterlandes". Szenen wie diese, ein beinamputierter Mann bettelt, gehörten zum Alltag im Münchner Straßenbild.

Unterstützt das Bayerische Rote Kreuz!

Im Kampf gegen die Not warb das Rote Kreuz um Unterstützung. Ab September 1945 gestatteten die amerikanischen Besatzer den Aufbau einer gemeinnützigen, absolut unpolitischen Rot-Kreuz-Organisation. Und um die Kassen zu füllen, veranstaltete man vielerorts – wie hier vor dem Stachus-Rondell – Sammelaktionen.

Mit dem Lospreis von einer Reichsmark konnte man einen Opel-Olympia gewinnen. Das Vorkriegsmodell hatte zu seinen Glanzzeiten – nämlich zur Olympiade 1936 in Berlin – an die 10 000,- Reichsmark gekostet. Zweiter und dritter Preis war ein begehrtes Dach über dem Kopf, in Form eines „Isartaler Holzhauses".

„Schattenmann"

Kurioses sah man in München, wie vor dem Eingang zu einem Behelfsbau. Dort steht zu lesen: „These premises are off limits to all Military Personnel" – „Diese Räume sind tabu für militärisches Personal" – ebenso werden „Schwarzhändler und Schieber aus diesem Lokal entfernt" – blieben vielleicht nur noch „Schattenmänner" übrig?

Zettelwände

Bevor die Zeitungen ihr Anzeigengeschäft wieder aufnehmen konnten, wurden Angebote und Gesuche auf Tafeln, Zettelwände genannt, ausgeschrieben. Angeboten und gesucht wurde so ziemlich alles, was der Mensch brauchte. Der Bedarf für die Dinge des Alltags war groß. Ausgebombte, Heimatvertriebene und Flüchtlinge fingen buchstäblich mit „nichts" an.

Alltagsleben

Für die Frauen war das Leben hart. Sie mussten den Alltag organisieren. Lebensmittel waren rationiert, das Hamstern beschwerlich. Kleidungsstücke bekam man auf Bezugsscheine. Sie müßten sich ab, um über die Runden zu kommen.

Kriegsversehrter

Der beinamputierte Straßenmusikant mag bereits einen langen Leidensweg hinter sich haben. Kämpfe an der Front, Verwundung, Beinamputation, Lazarettaufenthalte, dann endlich die Entlassung in die Heimat. Doch der Dank des Vaterlandes ist noch ungewiss. Erst später wird er eine Prothese, dann eine Kriegsversehrtenrente erhalten und in den Arbeitsprozess eingegliedert werden. In Westdeutschland lebten Ende des Krieges 1,5 Millionen kriegsversehrte Menschen.

Raritäten

Kurzwaren, wie Gummi- und Schuhbänder waren Raritäten. Die kleinen Dinge des Alltags musste man
sich mühsam zusammensuchen.

Münchner Original

Er hatte Zeit und nichts schien ihn aus der Ruhe zu bringen: In Ruhe las er die „Abendpost", das Frankfurter Boulevardblatt, das auch in München erschien.

Altpapier und Lumpen

Das Hab und Gut dieses entwurzelten
Mannes waren Lumpen, Altpapier und
Blechdosen. Buchstäblich alles konnte
der Mensch nach der fürchterlichen
Zerstörung seiner Stadt gebrauchen.
Und für Altpapier, Lumpen und Blech-
dosen gab's Geld.

Schwere Zeiten

Bei hilflosen und alten Menschen schlug das Schicksal besonders hart zu. Sie fanden sich nicht mehr zurecht in dieser kaputten Welt. Ihr Lebenswerk war zerstört, viele gingen betteln oder resignierten.

Ruinen

In diesen Ruinen lebten Menschen. Dort, wo noch ein Raum halbwegs unbeschädigt war, zogen ganze Familien ein. In diesen Jahren kannte man den typischen Ruinengeruch – eine Mischung aus Mörtel, Kalk und feuchtem Mauerwerk.

München – zweisprachig

Auch heute kann man nicht von der Sparkassenstraße in die Burgstraße fahren, denn nur ein Durchgang verbindet die beiden Straßen in der Münchner Altstadt. „ONE WAY DO NOT ENTER" hieß es auf dem Schild, das die amerikanischen Besatzer angebracht hatten. Das „Zerwirkgewölbe" rechts neben dem Auto blieb im Krieg unversehrt, ebenso das „Weinstadel" in der Burgstraße, eines der ältesten Bürgerhäuser der Stadt.

Überfüllte Straßenbahnen

Noch immer fuhren die Straßenbahnen nicht regelmäßig. Der Strom war knapp. Wegen Stromsperren kam der Tramverkehr oft für Stunden zum Erliegen. Im Jahre 1938 hatte die Münchner Trambahn 800 Wagen zur Verfügung, 1946 nur noch 315. Längst war der Münchner – notgedrungen – zum Fußgänger geworden.

Die Blumenfrau am Stachus

Lange Jahre kannten die Münchner ihre alte Blumenfrau auf dem Stachus. Fast täglich saß sie dort und bot ihre Sträuße an. Wie viele Frauen ihrer Generation hatte es die Blumenfrau nicht leicht, sich in der neuen Zeit zurechtzufinden. Ihre Rente war knapp, Krieg und Geldentwertung hatten ihr die Ersparnisse genommen.

Altersarmut

Für alte und hilflose Menschen war die Nachkriegszeit besonders hart. Die Renten waren noch nicht den neuen Verhältnissen angepasst worden, Hab und Gut nahm der Krieg, die Ersparnisse fielen der Währungsreform zum Opfer. So waren viele alte und kranke Menschen in Lumpen gehüllt und zu Bettlern geworden.

Fronleichnamsprozession

Vom unmenschlichen und unchristlichen Naziregime befreit, suchten die Menschen Halt in den Werten christlicher Lebensführung. Die Kirchen waren zu starken Magneten geworden. Als erste große Versammlung in München gestattete die amerikanische Militärregierung die Fronleichnamsprozession. Zehntausende beteiligten sich an dem Umzug durch die zerstörte Stadt.

... und nach dem Hamstern ins Kasino?

Woher kamen diese Menschen und wohin wollten sie? Trugen sie ihr wertlos gewordenes Geld mit Rucksäcken zur Spielbank oder kamen sie „nur"
vom Hamstern?

Kalter Winter

Der eisige Winter 1946/47 war auch für München und Umgebung sehr hart. Es gab wenig zu essen, die Bekleidung der Menschen war dürftig, zumal Textilien nur auf rare Rationspunkte erhältlich waren. So fror der junge Mann und wartete auf eine Transportgelegenheit.

Woher kamen sie, wohin gingen sie?

Die Bevölkerung in der unmittelbaren Nachkriegszeit war in Bewegung geraten. In den ländlichen Gebieten gingen die Städter auf Hamstertour. Evakuierte, die vor dem Bombenhagel geflohen waren, kehrten in ihre Stadt zurück. Heimatvertriebene aus dem Sudentenland wurden nach Bayern „umgesiedelt", landeten in irgendwelchen Lagern und wurden „einquartiert". Flüchtlinge aus den Ostgebieten wussten noch nicht so recht wohin: Sie suchten Verwandte oder Freunde, viele hatten sich auf der Flucht verloren. Mit Kind und Kegel waren die Menschen unterwegs. Durchaus nicht vernachlässigt, achtete man auf sich und seine Kinder.

Hoffnungsvoller Neubeginn

Eine Stadt wächst aus dem Schutt

Das Wahrzeichen Münchens, der Dom zu Unserer Lieben Frau, auch Frauenkirche genannt, wurde 1944 schwer verwundet – das Hallengewölbe stürzte teilweise ein. Wie durch ein Wunder blieben die beiden Türme, wenn auch schwer beschädigt, erhalten. In der Nachkriegszeit wurde die Kathedrale vom Schutt befreit und wieder aufgebaut. Die Renovierungsarbeiten dauerten bis zum Jahre 1994. Als am 27. Juni 1951 das Richtfest der Frauentürme stattfand, trafen Glückwünsche aus aller Welt ein.

Bierlokale und Cafés

Irgendwo in der Stadt fand man diese kleine Idylle: Unter Kastanienbäumen hatte in einem Behelfsbau ein Café eröffnet. Im Dezember 1948 zählte man in München wieder 1000 Bierlokale, 240 Kaffeehäuser, 50 Weinlokale und nicht wenige Tanzbars.

„Arche Nora"

Noch war die gute alte „Litfaßsäule", wie hier auf dem Stachus, eine der wichtigsten Werbetrommeln. Am 6. Februar 1948 kam als typisches Beispiel des „Trümmerfilms" der Streifen „Arche Nora" in die Kinos. Mit etwas Humor wollte der Spielfilm der Bevölkerung Überlebens- und Aufbauwillen suggerieren. Für die Bühnendarstellerin Edith Schneider war es die erste Hauptrolle in einem Kinofilm. Jahre später war sie in internationalen Produktionen und in den TV-Krimis „Der Alte" und „Derrick" zu sehen. Später lieh sie ihre Stimme der Britin Maggie Smith für die Rolle der Minerva Mc Gonagall in den Harry-Potter-Filmen. Auch für den jungen Harry Meyen war es der erste Kinofilm. Autor Harald G. Petersson, der vor dem Krieg für Hans Albers und Pola Negri schrieb, lieferte Jahre später die Drehbuchvorlagen für zahlreiche Edgar-Wallace- und Karl-May-Filme. Die Gage der Filmakteure bestand noch aus wertlosen Reichsmarkscheinen, denn erst ab Juni 1948 ging es durch die mit der Währungsreform eingeführten Deutschen Mark auch in der Filmbranche bergauf.

Trauerzug für einen Kardinal

Zerstört und noch nicht wieder aufgebaut waren die Gebäude zwischen Promenadeplatz und Löwengrube. Man schrieb das Jahr 1952. Tausende von Menschen gaben Kardinal Faulhaber das letzte Geleit. In großer Prozession wurde sein Leichnam am 17. Juni 1952 auf einem von Braurössern gezogenen Wagen zur Frauenkirche gefahren, wo er in der Bischofsgruft die letzte Ruhe fand.

Die Münchner empfanden den Verlust ihres 83-jährigen Oberhirten als schmerzlich, war er doch seit 1917 35 Jahre lang Erzbischof der Erzdiözese München-Freising gewesen. 1921, in den Jahren der Weimarer Republik, hatte er die Kardinalswürde erhalten und fortan seine Diözese durch die Wirren des Drittes Reiches und des Zweiten Weltkriegs geführt. Er hatte die Zerstörung Münchens und die schweren Jahre der Nachkriegszeit mit dem geistigen und materiellen Wiederaufbau erlebt.

Die Wunden der Zerstörung heilen

Weihnachten 1951: Der Turm der St. Peter-Kirche war wieder aufgebaut und das Aussichtsgeländer originalgetreu angebracht. Neue Dächer schützen Dom und St. Michael. Die Gebäude in der Kaufinger- und Neuhauser Straße waren im Großen und Ganzen wieder hergestellt. Es war ruhiger geworden in München, und die Menschen blickten mit Zuversicht in die Zukunft.

Exportschau 1946

Kaum zu glauben! Bereits im Jahre 1946 ging die bayerische Wirtschaft in die Offensive und wagte die Leistungsschau „Bavarian Economic Export Exhibition Munich" im Haus der Kunst. Von Juli bis Dezember stellten bayerische Unternehmen in Zusammenarbeit mit der Militärregierung ihre Produkte und geplanten Innovationen vor. Dies geschah lange bevor der Segen des Marshallplanes und der D-Mark der Wirtschaft neue Kraft verlieh.

Die Unternehmen MAN, Linde, das Kamerawerk Agfa und die Siemens-Werke machten auf ihre Produkte und Neuerungen aufmerksam. Rohde und Schwarz ging mit einem Aperiodischen Messverstärker, Typ UVM, in die Offensive. Jakob Zeilers Lederhosenfabrik aus Geisenhausen in Niederbayern setzte auf solides Handwerk, ebenso die Klepper-Werke aus Rosenheim oder die Herrenwäschefabrik „Eterna in Passau". „Wir wollen der Welt den sichtbaren Beweis geben, dass wir aus Trümmern das kostbarste, weil unverlierbare Gut – unsere deutsche Arbeitskraft – in eine neue Welt hinübergerettet haben", plädierte einer, der zum Symbol des Wirtschaftswunders werden sollte: Ludwig Erhard, der damalige bayerische Wirtschaftsminister und spätere Bundeskanzler.

Währungsreform - Im Zeichen der D-Mark

Das alte Geld war wertlos geworden. Für Jedermann begann am Tag X ein neues Leben. Wer den 20. Juni 1948 bewusst erlebt hat, wird den Tag des Geldumtausches nie vergessen. Es war ein regnerischer Tag und wie hier auf dem Bild stehen die Menschen Schlange vor der Herrnschule, um sich die 40 D-Mark Kopfgeld abzuholen. Das wertlose alte Geld musste abgeliefert werden und wurde von Reichs- in D-Mark zu einem Kurs von zehn zu eins umgetauscht. Tags darauf waren die Geschäfte voll mit Waren – der Schwarzmarkthandel war vorbei!

Kaufingerstraße und Dom

Die Häuser in der Kaufingerstraße sind wieder aufgebaut. Zehn Jahre nach der fürchterlichen Zerstörung spricht man nicht mehr von der Ruinenstadt – München hat ein neues Gesicht bekommen.

Vorboten des „Fräuleinwunders"

Lange Beine, schlanke Figur. Nach Krieg und Entbehrungen wollten die Menschen endlich wieder leben und sich vergnügen. In der Stadt gab es wieder Bars und Lokale, Miss-Wahlen fanden statt, Modeschauen und Tombolas. Nach den „Trümmerfrauen" kam das „Fräuleinwunder".

Ein Präsident in München

Im Mai 1950 kam der erste deutsche Bundespräsident Professor Theodor Heuss nach München. Der Anlass war die Wiedereröffnung des Deutschen Museums, das 1944 nach schweren Bombenangriffen geschlossen worden war. Ein Jahr zuvor war der Mai 1949 der wichtigste Monat in der politischen Nachkriegszeit. Westdeutschland, das waren die von den Amerikanern, Briten und Franzosen besetzten Gebiete, wurde ein Staat, die Bundesrepublik Deutschland. Am 7. Mai 1949 wurde das Grundgesetz für die Bundesrepublik Deutschland beschlossen. „Papa Heuss", wegen seiner väterlichen Art von der Bevölkerung so genannt, wurde von einer kleinen Münchnerin begrüßt.

Weitere Bücher über Ihre Region

Heidi Fruhstorfer
**Aufgewachsen in München
in den 40er und 50er Jahren**
64 Seiten, zahlreiche Fotos
ISBN 978-3-8313-1840-7

B. Kettl-Römer und A. Rodatus
**Aufgewachsen in München
in den 60er und 70er Jahren**
64 Seiten, zahlreiche Fotos
ISBN 978-3-8313-1883-4

Heidi Fruhstorfer
Auf dem Weg zur Weltstadt
München in den 50er und 60er Jahren
96 Seiten, zahlr. S/w-Fotos
ISBN 978-3-8313-3287-8

Wartberg-Verlag GmbH
Im Wiesental 1 | 34281 Gudensberg
www.wartberg-verlag.de

Bücher für Deutschlands Städte und Regionen
Tel. 05603-93050
Fax 05603-930528